序~空頭必將再臨

　　巴菲特說投資人最大的問題是在該恐懼時貪婪，該貪婪時恐懼，以台股現在大盤超過萬點的位置，是該貪婪還是該恐懼呢？
　　這一波大多頭從民國 97 年金融海嘯的最低點 3955 起漲，至今已漲了超過 6000 點，歷時超過 8 年，想必大家一定是荷包滿滿了，若是如此，除了恭喜大家，也要提醒大家該是獲利了結的時候了！

　　"陰極陽生，陽極陰生，一陰一陽之謂道"，幾千年前，我們的祖先就已經發現了物極必反的道理了，如果把老祖先的智慧應用到股市上，將會有很大的幫助。
　　股市的多頭循環每次平均約 8 年，而空頭循環則是約 1~2 年，而本波多頭已超過 8 年，所以不管這波大多頭，你是不是有賺到錢，都要提醒也許空頭已在不遠處，小心熊出沒！
　　本書出版的主要目的，在於提供投資人正確的投資觀念及如何判斷正確的進出場時間，而萬一空頭來臨，如何保護自己的財富，甚至利用作空快速致富。
　　在股市裡要賺大錢的兩個最好時機，一個是大家過度悲觀時，一個是大家過度樂觀時，未來一年將是關鍵時刻，勤奮而努力學習的人將比別人有更大的優勢，如果幸運，你的人生也將因此而不同！

　　我們的經驗往往驗證一個長久以來的觀念:只要做好準備，在人生中抓住幾個機會，迅速採取適當的行動，去做簡單而合乎邏輯的事，這輩子就能得到很大的財富。但這種機會很少，通常屬於不斷尋找和等待、充滿求知慾望，而又熱中分析各種不同變數的人。一旦機會來臨，如果勝算很高，那麼利用過去的謹慎和耐心得來的資源，重重壓注下去就對了。
~查理蒙格<窮查理的普通常識>

　　　一生中最好的機會即將來臨，學會判斷股市多空循環的方法，將為你的投資帶來更大的勝算，好好掌握這個難得的機會，將為你的人生帶來可觀的財富！
願富足、快樂、幸福長伴！

黃金人　2018 年 1 月 1 日

黃金人

在股市打滾近 20 年深刻領悟到,一個人最大的挑戰不是市場,而是自己的偏見和心魔,其操作風格融合了武術、易經、孫子兵法等,喜歡讀書,科學、心理學、投資理財、法律、小說、佛學等各種書都有涉獵,目標是希望能練成查理.蒙格說的跨學科思維模型。
聯絡資訊

facebook: 股市致富之路這樣走:黃金人帶你股海淘金
E-mail: huanggoldman88@gmail.com
Copyright © 2018 黃金人(GoldmanHuang). All rights reserved. 版權所有,請勿翻印

目錄
(一) 觀念篇
一、誰是最後的笨蛋?
二、一萬點了,你還沒進場?恭喜你!
三、你習慣跟在別人後面嗎?
四、是時候來學賣股票了!
五、景氣創新高,該買股票.該賣股票?
六、設定好球帶

七、選股不選市，誰說的?
八、股市的多空循環怎麼看
九、順勢操作才有大勝算，大利潤
十、萬一空頭真的來了，怎麼辦?
十一、放空的迷思
十二、放空的常見錯誤
（三）武功心法與技巧
一、一膽二力三功夫，讓投資技巧充分發揮的訣竅
二、格局有多大，成就就有多大！
三、股價漲多就想空?正確的放空時間點
四、利用作空，先賺第一桶金
五、還在問 oo 可以買嗎？表示你沒有一套進出的方法
六、投資週期的選擇
七、交易計劃實例
八、放空實例~大立光
九、我的子彈會轉彎~談預測和修正
十、隨時隨地，回到方法
十一、春去春又回，多頭總是會再回來

（一）觀念篇

一、誰是最後的笨蛋？

股市裡有著著名的「比傻理論」，其所揭示的就是投機行為背後的動機，投機行為的關鍵是判斷"有沒有比自己更大的笨蛋"，只要自己不是最大的笨蛋，那麼自己就是贏家。

台灣版的鬱金香狂熱

昨天在科學人雜誌讀到的股市「比傻理論」，讓我想起了小時候家裡有種蘭花(國蘭)，那是國蘭最熱門風光的時候，其中有一種叫"達摩"的品種，光一片葉子就要一百萬以上，而那時買一棟房子也還不用花到一百萬，那時候年紀還小的我很天真的跟爸爸說:我們多種一些達摩就會賺很多錢了，還好爸爸沒有真的丟買回來種，今年過年在溪州公園看到有人在賣蘭花，很好奇地跑過去看，其中有很多是達摩，問了老闆達摩怎麼賣，老闆說:如果你要的話算你一百就好！

　　幾年前當前任股王宏達電跌到200元時，朋友說他想買宏達電，問我的意見，我只簡單的說不要買，朋友有點懷疑的問說:都已經從1300元跌到200元了，為什麼不能買？

　　股市的進出牽涉到很多複雜的因素，不是簡單的一兩句話可以解釋，可以分析透徹的人就可以從股市賺錢，不懂遊戲規則的人就成了幫人抬轎的笨蛋了，現今的股王大立光在外資不斷調高目標價的情況下，屢屢創下高價，以其一張5百多萬的價格來看，在鄉下地方也是可以買到房子了，當然很多人會想當初如果有買大立光，現在應該也是有錢人了，只是如果你知道台股歷屆股王的下場，你還會這麼想嗎？

　　回顧台股歷屆股王，民國78年國泰金1975元，民國86年華碩890元，民國89年禾伸堂999元，民國91年聯發科783元，這些股王的下場，想必大家都已經知道了。

　　所以當愈來愈多平常不玩股票的朋友，躍躍欲試地問我:"我手上有一筆閒錢，不知道要放哪裡，現在股市那麼好，可以買股票嗎？"，我就知道原來股市是一個聰明人欺負笨蛋的地方，我要向這些股市高手說一聲:"他傻瓜，你聰明！"

歷年股王:

86年股王華碩

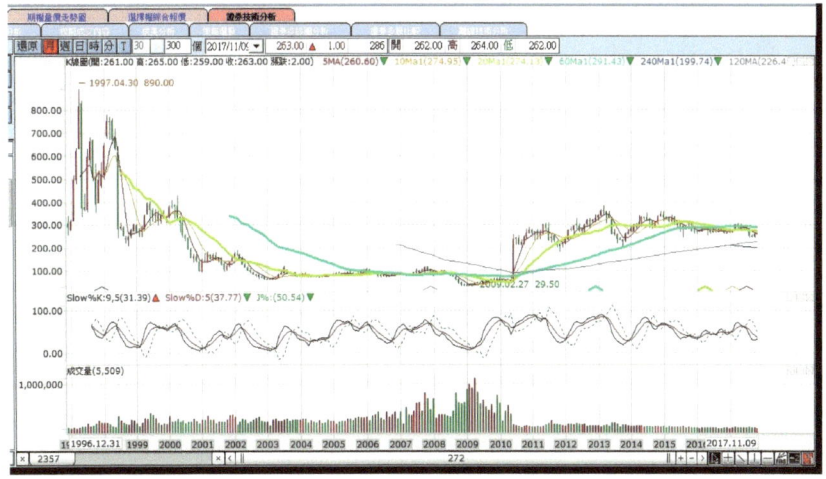

91 年股王聯發科

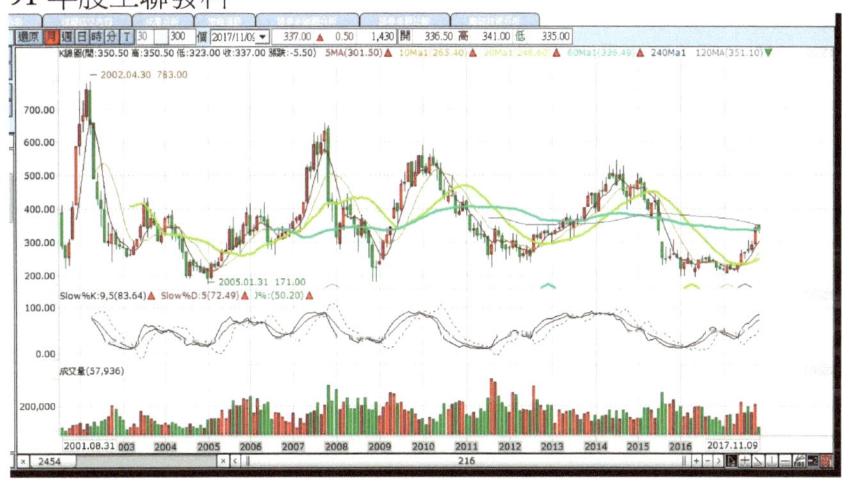

宏達電在 100 年 4 月 29 日創下 1300 最高價後,一路急轉直下,買在 1300 元的人情何以堪?

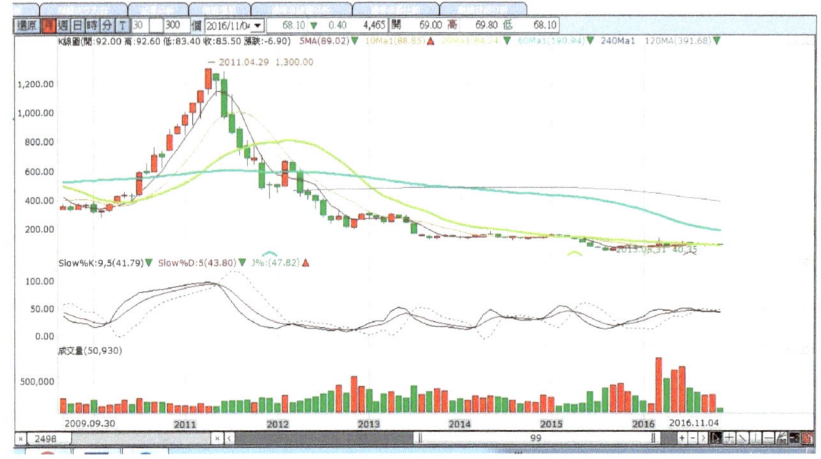

二、一萬點了，你還沒進場?恭喜你！

今天看到自由時報的報導，房價從金融海嘯至今漲了約54%，而台股加權指數則是漲了超過一倍(買房不如買股？10年漲幅54%VS.100% http://news.ltn.com.tw/news/business/paper/1147574)

看到這樣的報導，你會有什麼想法?相信很多人都會認為既然炒房炒股這麼好賺，那我也來買股票.買房子好了，但是請小心這樣的思維不但不會增加你的財富，反而是很危險的。

現在是資訊爆炸的時代，我們每天都要吸收很多資訊，看很多的報紙、雜誌，甚至fb、Line等網路消息，不管真假，先讀再說，比較熱心的人看到上面寫"請不要吝惜和朋友分享"或"請幫忙轉傳喔"，也沒經過查證就乖乖地轉傳了。

倒過來想，永遠是倒過來想

其實可以不用這麼辛苦的，就是因為資訊太泛濫，所以更要慎選資訊來源，而且也要有正確解讀資訊的能力，巴菲特的合夥人查理.蒙格說:"倒過來想，永遠是倒過來想"，意思是指除了正面解讀資訊外，也要有反向思考的能力，而且有時候反向思考才是對的。

所以，看到了不動產和股票這麼好賺，如果你沒有賺到，請不用捶心肝，反而要恭喜你沒有進場，就好好看好你的現金吧，等到有一天看到報紙寫說股票市場有多慘時，再來撿便宜吧！

三、你習慣跟在別人後面嗎?

在股票市場裡,你習慣當個領頭者還是追隨者?最近很多朋友會說當初如果有買大立光,現在就已經是有錢人了,或者是當初如果跟銀行貸款買房子,現在也賺很多錢了,你是否也曾這樣想過呢?

其實當你看到某檔股票大漲時,你看到的只是一個結果,那對你的投資和財富並沒有幫助,你要做的是找出未來會大漲的股票,而不是一直看哪些股票漲了多少倍了。

想要靠股票或投資致富,大環境很重要,如果有好的機會要成功就很容易了,如果時空條件不配合,那麼財富對你來說就像苦苦追求的女孩子了。

散戶永遠是最後一棒?

很不幸的,答案可能是肯定的,即使一再賠錢,一再受傷,散戶還是不能擺脫湊熱鬧的習慣,所以才很難擺脫賠錢的宿命,看看下面這則報導吧:

台股上萬點超過半年,但今年上半年多數是外資在交易,散戶明顯進場買股票是今年第3季開始,股票產生的財富效果,透過家庭所得增加及民眾個人體認經濟改善在傳遞,及至現在的年底期間,開始反映在內需經濟,提升民眾的消費信心。

(2017年12月28日工商時報)

在股市來到了萬點之巔,雖然沒有人敢說會漲到哪裡,但以大盤月線圖來看,目前的位置就算不是最高,也是相對高點了,操作難度其實不低,不要說賺大錢,小心淪為幫人抬轎的最後一個笨蛋了!

股票要賺大錢一定要走在別人前面，圖中綠色圓圈的部份都是大部份人已經失望而退出市場了，只有先知才敢在這樣絕望的情境下進場買股票，先在心裡問自己如果將來有這樣的機會，我敢進場嗎？也許這樣的機會並不會太遠...

四、是時候來學賣股票了！

大盤還在多頭，但很多個股卻已開始走空頭了，所以是不是該來學學如何賣股票了？
養成研究大盤的好習慣
每天研究大盤指數是一個好習慣，所謂"擒賊先擒王"，當你抓住大盤這個大王時，其它個股小賊就比較容易手到擒來了，研究大盤可以讓我們知道目前是處在多頭.空頭.底部或頭部，當你掌握了正確的進場時機，自然可以省去很多選股上的麻煩了。

常見的頭部型態
由於大盤漲幅已大，所以今天先把焦點放在頭部型態的研究，一般常見的頭部型態有 M 頭及頭肩頂兩種，分別舉之前的例子做說明：
一、M 頭

　　這是民國 100 年時的大盤走勢圖，可以看到在 9 千點附近有一個 M 頭，而在頸線附近又形成了另一個 M 頭，那時的台股就在這裡作頭整理了三個月之久，等頭部完成後就一瀉千里，開始大跌了，所以正確的賣股時機是什麼時候呢?反應比較快的人，應該在第一個 M 頭成形時就會陸續賣出股票了，反應比較慢一點的，也應該來得及在第二個 M 頭時賣出，而最慢最慢也應該在跌破所有均線時(圓圈處)出清持股，否則就會受到很大的傷害了。

二、單日反轉

　　還有另外一種所謂的"單日反轉"，雖然不是很常見，但當它出現的時候通常是不會給人充裕的時間賣股票的！

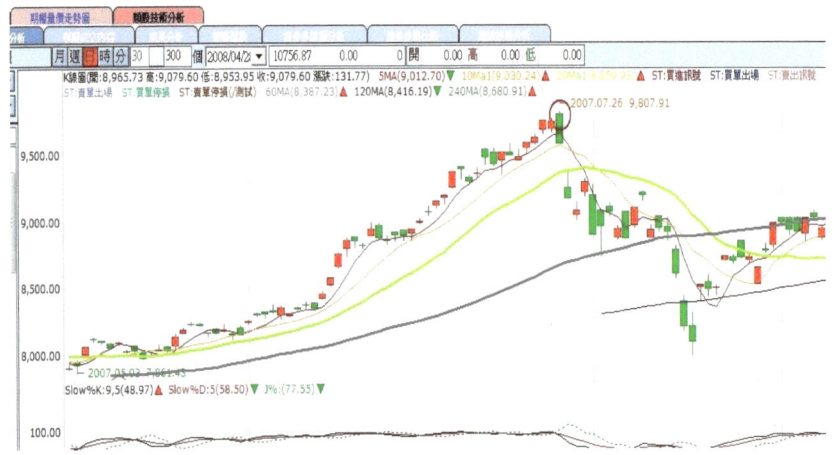

圖為民國96年當大盤漲到9807時,當天爆出3200億大量並收了一根長黑K,比較有經驗的人就會知道,這是大量出貨的訊號,從訊號出現到最低點7987,不到一個月就跌了2800點,所以如果你動作不夠快,就被套牢了。

市場上通常是多頭佔比較長的時間,而空頭只佔一小段的時間,分析其原因,其中一個大概是股票下跌的速度比上漲的速度還快,目前雖然大盤仍處於多頭,但已有不少個股開始走空頭了,現階段操作難度不低,不可不慎啊!

五、景氣創新高,該買股票.該賣股票?

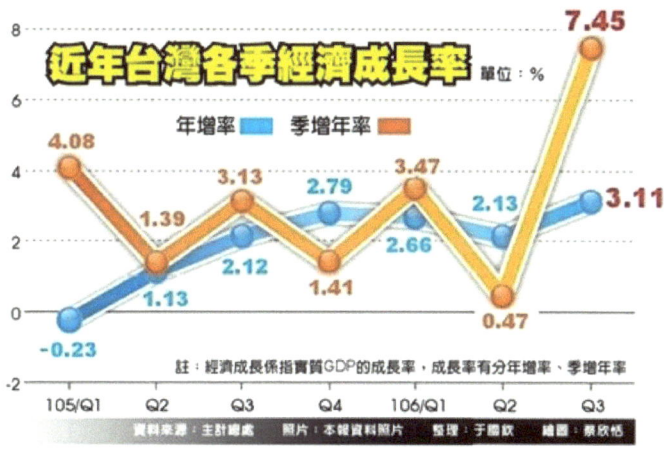

Q3經濟成長率3.11% 創10季來最高 (圖片來源:工商時報)

今天早上工商時報的頭版標題,看到這個新聞,你會想要:1.買股票 2.賣股票?

判斷股市的方向始終都不是一件容易的事,今早翻開工商時報,頭條就寫著"我Q3經濟成長率3.11% 創10季來最高",如果是初入股市的我,應該會很高興地衝進去多買一些股票,但是後來我知道一切都沒有這麼簡單的,老子說:"天下皆知美之為美,斯惡已",當一個好消息所有人都知道時,那就不能算好消息了。

簡單判斷多頭空頭的二個方法
　　那這樣子還有其它辦法可以判斷多頭空頭嗎?有的，而且也不會太難：

1.均線方向:
只要簡單的兩條線，一條月線(20MA)，一條季線(60MA)，當它們的方向是黃金交叉向上就是多頭，如下圖:

當它們的方向是死亡交叉向下就是空頭，如下圖:

2.日線.週線.月線技術指標:

根據自己習慣操作的週期，選定一個指標，例如日線，當它的 KD 指標是黃金交叉時，基本上方向就是向上，而當它的 KD 指標是死亡交叉時，方向就是向下。今天要談的是比較大格局的月線，目前的月 KD 指標已經來到了高檔的 90 之上，所以已經不是很好的進場點了，通常最好的買點是月 KD 在 20 以下（如圖中圓圈處），這樣的機會並不多，但一個人一生中只要抓住一次這樣的機會，也就夠了！

六、設定好球帶

打過棒球的人都知道，在打擊時要選自己喜歡打的球再打，所謂自己喜歡的球跟主審的好球帶並不完全相同，在主審的好球帶裡，並不是所有的球你都擅長，可能有一些邊邊角角的球是你打不好的，那些落在好球帶裡面而你又可以打得好的，就是你自己的好球帶，也可以稱做你的能力圈，只有設定好自己的好球帶，加強選球能力，才可以有效提高自己的打擊率！

股市高手的好壞球和你想的不一樣！

德國偉大的投機大師科斯托蘭尼曾經用雞蛋來說明股票的投資時機，他認為股票的正確買入時機應該是在空頭的末跌段及多頭的初升段，這個階段也是巴菲特說的在別人恐懼時貪婪，以中國的太極圖來說明的話，這個時期可以說是極度的黑暗，彷彿世界末日即將來臨，但看一下太極圖，在一片黑暗中有一個小小的白色圓點正在生成，就是所謂的"陰極陽生"的道理了，不論黑夜有多漫長，太陽總是會再升起！

一般人眼裡的大壞球，只有高手才知道那是正中直球

來看一下實際的例子吧，在民國 97 年發生了所謂的金融風暴，其嚴重程度超乎大家的預期，所以也有人稱它為百年一見的金融風暴，當時市場上一片悲觀，甚至有人認為還要很多年股市才有可能觸底~
(美股重登去年高點 至少要十年
【經濟日報／編譯周芳苑／綜合十一日電】2008.10.12 03:23 am
股價跌跌不休，讓人心慌、茫然不知所措，紐約時報根據經濟學家席勒（Robert Shiller）追蹤的標準普爾 500 指數歷史資料研判，眼前美國股市這波跌勢至少還得十年才能重現 2007 年 10 月高峰行情，在完全復甦之前，還會繼續下跌。
紐約時報財經專欄記者蘭佩爾（Catherine Rampell）引述席勒的資料指出，本周股市無量下跌的情況並不多見，20 世紀只有 1930 年代經濟大蕭條、及 1970 年代經濟衰退時期可以類比，上二波股價大崩盤各花了三年、六年才觸及谷底。)
試想一下，如果你身處這樣的氛圍，你會做什麼樣的思考和行動呢?在很多人眼裡，這是百年一見的金融危機，當然是個大壞球，只有具有先見之明的人才知道這其實是個超級好球，也才有膽識在這裡買進，而且是全力買進！
別在好球進來前被三振了！

當然這樣的機會並不多，一般的投資人也沒有耐心等待好球，他們總是在好球進來前就頻頻揮棒，以至於在等到好球前就已經被三振出局了，在棒球比賽裡，你只要揮棒落空三次就出局了，而在自己的投資人生中，你可以揮棒幾次呢？

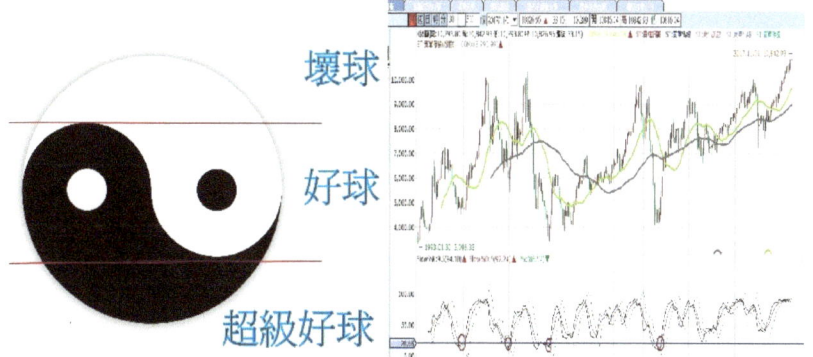

行情總在絕望中誕生（超級好球）
在半信半疑中成長，在憧憬中成熟（好球）
在希望中毀滅（壞球）

七、選股不選市，誰說的？

每當市況不好的時候，打開電視財經節目，總是會看到一些名嘴說大盤雖然不好，但是我們可以選股不選市，這樣的說法，如同颱風來了，仍然鼓勵大家出門一樣，只是讓別人置身於危險之中罷了。

既然知道行情不好，要走空頭了，為何還要進場呢?在多頭循環時，要賺錢都已經不容易了，更何況空頭呢?所以，如果空頭來臨，請果斷地把手中持股賣掉吧，也不要因為股價下跌變便宜了，就想進場，除非有把握確定股市已經落底了，否則天上掉下來的刀子不要接啊，唯有在空頭時保住性命，在下一個多頭來臨時，才有致富的機會！

別在空頭買股票，你的股票有可能永遠漲不回來！
幾個例子：

益通

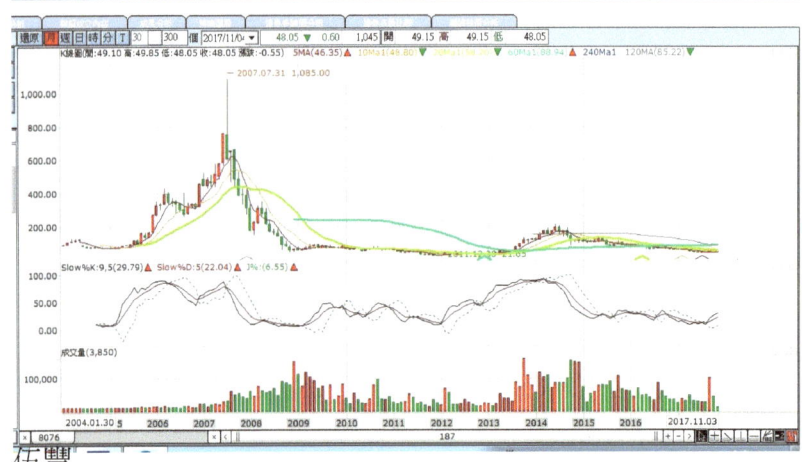
伍豐

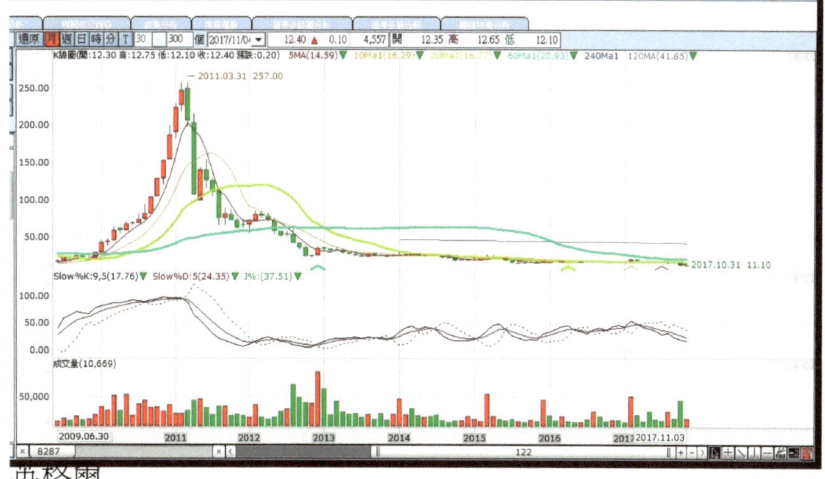

英格爾

別在空頭買股票,即使是績優股也免不了大跌

台積電在金融海嘯也跌了近50%

鴻海從最高 300 元跌到 52 元,跌幅高達 82%!

大立光從 470 元跌到 167 元,跌幅 64%

八、股市的多空循環怎麼看

什麼是多頭?

在空頭的末期,當一切消息看起來都很悲觀,經濟好像永遠都不會好轉,一般散戶還在療傷止痛、舔拭傷口的時候,一些資金雄厚且眼光獨具的人在這時候默默地進場大撿便宜,股市就在這些資金支撐及配合政府的調降利率及寬鬆的貨幣政策支持下,不再破底並緩慢地走升。

而當復甦成了共識,市場上的資金慢慢回流,股市也就展開了不斷創新高的多頭之旅,一直到市場過度樂觀,股價被過度高估之前,多頭通常會持續一段相當長的時間。

民國82年多頭:

大盤從最低點3098一直漲到10393,共漲了7年之久,漲幅高達235%!

民國 90 年多頭：

股價從最低點 3411 漲到最高點 9859，共漲了 6 年，漲幅 189%。

民國 98 年多頭：

大盤從最低點 3955 漲到一直漲到現在，共漲了快 9 年，暫時以目前最高點 10882 計算，漲幅為 175%。

空頭是什麼?

本人在 2000 年科技泡沫時開始進入股市,可以說是一開始就遇到了空頭,還好當時的資金還不多,所以雖然股市跌得很慘,但損失並不多。

想要了解股票市場,就去研究空頭

有人說:「想要了解股票市場,就去研究空頭。」,因為如果你具備了判斷空頭的能力,你就會知道如何保護自己,在多頭時攻城掠地,在空頭時全身而退,這樣一來你的投資就會無往不利了!

有了 2000 年的空頭初體驗,對本人的確是有很大的幫助,因為本人並不排斥作空,也敢作空,所以在第二次面對空頭時,不但沒有受傷,反而能靠著放空賺錢了,只是當時放空的技術還不是很成熟,以致於那麼大的行情,也只有小賺而已,但相對於其他人的大賠,已經可以算是贏家了。

破底再破底,不知道底部在哪裡

多頭的末期通常伴隨著一片歡欣鼓舞的氣氛,這時候連平常不碰股票的人都會被這樣的氣氛吸引而進入市場,當人們天真的以為股市會不斷地上漲的同時,空頭已在醞釀中。

空頭的特色就是下跌速度很快,破壞力大,所有技術面的支撐都不是支撐,以下介紹歷史上的幾個空頭:

民國 79 年空頭:

大盤從高點 12682 跌到最低點 2485 只用了 8 個月,共跌了 10197 點,跌幅 80%!

民國 89 年空頭：
　　從 10393 跌到 3411 跌了 18 個月共 6982 點，跌幅 67％！

民國 97 年空頭：
　　從 9859 跌到 3955，13 個月共跌了 5904 點，跌幅 60％！

九、順勢操作才有大勝算，大利潤

1.在多頭大漲小回時買進

當然除了等待一輩子可能沒有幾次的超級好球外，也可以利用多頭趨勢中幾次正常的拉回修正機會，逢低買進。如下圖，在多頭趨勢中，如果指數回測到十年線的位置，通常都是不錯的加碼或進場時機。

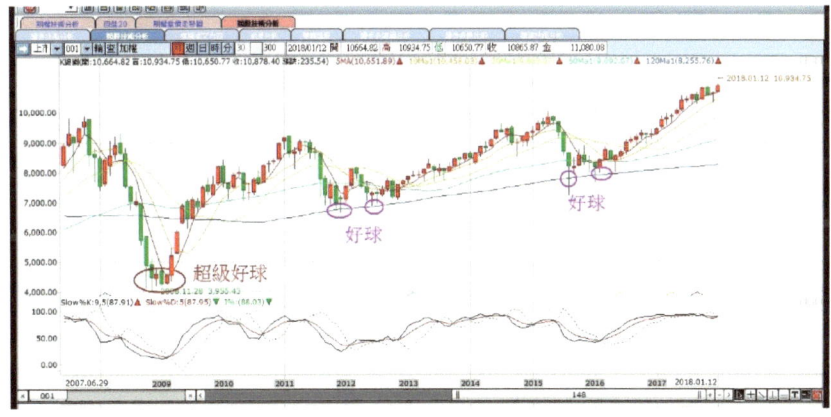

多頭市場的最大好處是，你有很長的時間可以累積財富並享受複利的奇蹟，如果選對股票而你又能耐心持有，你的財富很有可能倍數增加的，如大立光從金融海嘯時的最低點 128 元，一路漲到最高 6075 元，漲幅高達 40 幾倍！（見下圖）

2.在空頭大跌小漲時賣出（放空）

雖然大部份的人都不喜歡空頭，但聰明的人其實可以利用空頭下跌速度快的特色從中獲利，甚至賺大錢，例如在金融海嘯時，短短幾個月的時間，大盤就下跌了超過 5000 點，不論空指數或空個股都可以享受重力加速度的快感。（見下圖）

十、萬一空頭真的來了，怎麼辦？

如果深入研究景氣循環的道理和它的週期,你就會知道什麼時候該貪婪,什麼時候該恐懼。這一波大多頭從民國97年金融海嘯的最低點3955起漲,至今已漲了超過6000點,歷時超過8年,以景氣循環來說已是多頭末期了,雖然我們無法精確預測空頭何時會來,但卻不能沒有任何防範和準備,畢竟投資的錢都是辛苦爆肝賺來的血汗錢啊!

　　空頭一定會再來,當他再來的時候,希望大家都已經做好準備了:

1.不要使用融資,不要補繳保證金,設好停損:在97年金融海嘯時,筆者有很多朋友在高檔沒賣出,一路被套牢,更可憐的,還有一路被追繳保證金,甚至跑去辦信貸.房貸來補繳保證金的,所以在大盤一路下跌的過程中,他們都累積了相當可觀的帳面虧損,有些人一路忍著不賣,卻在即將落底時才驚覺這樣硬撐不是辦法,而賣在低點,至於那些始終沒賣的人,雖然比賣在最低點的人好一些,但也沒有多餘的錢(和膽量?)再加碼了,以致於股市重回多頭時,看著別人賺錢,而自己卻只能苦等股票解套了!

　　所以在空頭市場裡千萬不要使用融資,而且一定要設比平常更嚴格的停損,否則你不但會受傷,更會錯失接下來一生中難得的致富機會啊!

2.不要太早回到市場,除非確定已經落底:在97年那一波空頭走勢中,在7000點附近曾有一段橫盤走勢,看起來有點像W底,那時有一個朋友看到了很高興地跟我說"快落底了,還好我還有現金,我要加碼了",事後看起來,那不是W底,而是另一個M頭啊,而且至自始至終,季線連碰都沒有碰到呢!

　　空頭市場最吸引人的地方就是一切看起來都好便宜,彷彿跳樓大拍賣一樣,試想當年宏達電從1300元跌到500元,你不會因為心動而想買它嗎?

3.多頭可以賺錢,空頭也可以賺錢,如果你敢作空的話:股市走空頭其實也沒有什麼不好,絕對的破壞才有絕對的建設,一棟樓塌了,有人會再蓋更大更好的新大樓,股市崩盤了,也是另一次財富重分配的機會。

　　除了耐心等待股市落底外,你還可以趁勢放空,雖然放空的勝算比較小(因為多頭時間比空頭時間還長),但因為下跌的速度會比上漲的速度快,所以放空是有機會快速致富的,很多有名的投資大師如傑西李佛摩.科斯托蘭尼.索羅斯等都曾靠著放空賺進大筆財富,所以如果你可以正確解讀股市將走空頭,也是可以好好利用這個難得的機會!

　　總而言之,股市在未來一~二年將有大變化,而這也是你人生中難得的機會,你必須做好準備,因為它即將改變你的一生!

十一、放空的迷思

 提到放空,一般人最先聯想到的可能是禿鷹,再來就是被軋空,常常聽到有人說
放空獲利有限,最多是股價歸零,但損失卻是無限,有可能是股價的好幾倍,所以一般人對於放空通常都是不願意嘗試的。

首先，放空其實是股價導正的力量，一家公司的股價被高估了，就好像開在觀光區的小吃店，遇到外來的觀光客就趁機敲竹槓一樣，平常也許只要200元的東西，可以賣到500元，如果沒有人檢舉或爆料，就會有愈多人受害。

颱風天來了，連豬都能飛
「颱風天來了，連豬都能飛」，這種現象在多頭的末期尤其明顯，一些沒什麼業績、甚至賠很多錢的公司也可以成為抄作的對象，造成股價狂飆，這時候不知情的投資人如果進場就可能成為被狙殺的目標了！

　　放空就等於檢舉這些股市的黑店，知名投資公司渾水(Muddy Waters)就擅長於放空財報灌水的中國公司而知名於世，有這樣機構的存在，其實是有助於減少股市黑店的招搖撞騙行為。

設好停損就不怕被軋空
　　再來關於放空損失無限大的問題，對於一個有經驗的人來說是不會發生的，因為早在股價達到停損點（譬如10%）的時候，他早就已經停損了，也由於放空有一定的風險，所以想放空的人一定要設好停損並嚴格執行。

做好資金管理
　　放空的風險也可以透過做好資金管理而降低，如果把放空操作的資金控制在一定比例之內（例如20%），就可以一方面有效的管理放空的風險，一方面享受放空帶來的好處了。

十二、放空的常見錯誤

　　放空雖然有機會快速致富，但它其實是有難度的，如果可以有效降低自己犯錯的可能，就可以提高成功的機會，以下列舉一些放空時常會發生的錯誤：

1.本益比高就放空？
股價其實是在反映投資人對這家公司未來的看法，投資人願意給這家公司比較高的本益比，也就表示看好這家公司未來的成長性，所以股價的合理或不合理是很難用「當下」的本益比來衡量的。

2.在多頭市場時放空：在多頭市場時大部份的股票都會上漲，所以如果想放空獲利，必須確認市場已經進入空頭，才會有較高的勝算。

3.在股東會、除權息前放空：在這二個時間點放空很容易會遇到融券強制回補的問題而遭遇到失敗。

4.放空高券資比的個股：高券資比代表市場上有很多人放空這檔股票，但現在融券賣出者在將來回補時就會變成買盤的支撐力道，而且很容易被軋空，所以在選擇放空標的時最好避開高券資比的個股。

5.放空股本小的公司：一家公司的股本愈小則其股價愈容易受到主力作手的操控，這類個股最好避開，因為你不知道背後主力的意圖，而且你通常也很難和其抗衡。

6.放空高董監持股的個股：董監持股比愈高的個股，通常其股價也會愈穩定，當股價愈穩定，你想要靠放空賺取價差的機會就愈小。

（二）武功心法與技巧

一、一膽二力三功夫，讓投資技巧充分發揮的訣竅

不知道有多少人在下單時是懷著忐忑不安的心情，又有多少人下單後會不安地緊盯自己的部位？會有這樣的心情是很正常的，至少筆者自己承認，就算已經在市場打滾近 20 年，每次下單都還是會緊張啊。

別心懷恐懼地操作

但緊張真的不是一件好事，有多少次因為太過緊張而讓原本可以大賺的單變成小賺收場，更別說因為緊張而讓自己判斷錯誤或不敢下單的情況了，所以在進場前務必先將自己的心態調整好，否則如果一直懷著恐懼的心情在操作，是不會有很好的成績的。

要降低恐懼，可以有以下幾個做法，提供給大家參考:
1.照表操課:選擇自己相信的技術指標，指標告訴你該做什麼動作，跟著做就是，思想單純一點，動作就會敏捷一點。
2.選擇適合自己的操作週期:在進場前先確定自己是屬於短線還是長線投資人，如果個性比較容易緊張者，可能就比較不適合當長期投資人，否則在賺到錢之前，可能已經被自己的情緒壓垮了。
3.資金管理:常常聽到的"把股票賣到自己吃得下、睡得著為止"，就是這個意思，除非有很大的把握，否則不要輕易下大單。
4.投資計劃:事先規劃好自己的進場點、停損點及停利點，之後除非觸及停損停利，否則就是讓市場自由發展，有了計劃就可以省下大部份的憂慮了。

在市場上，比的是眼光和膽識，有了好的眼光之後，還要有膽識，所以，再次提醒進場前務必先調整好自己的心理準星，切記心懷恐懼是賺不到大錢的。

二、格局有多大，成就就有多大！

在股市裡，您是否屬於每天汲汲營營於賺個幾千塊就跑的人，如果把自己獲利目標設的這麼小，您想在股市裡達成什麼樣的目標呢?讓我跟您說幾個故事吧！
別讓小鼻子小眼睛限制了你的獲利

在股市裡我們很容易就做出類似:"只要我每天賺五千元，一個月就可以賺10萬了"這一類的想法，但這樣的假設建立在每次都正確之上，但事實上，我們有可能每次交易都是賺錢的嗎?讓我來舉二個例子給大家參考吧。

過度交易

有一位家庭主婦，因為白天小孩都上學，所以開始玩股票，其操作方式為有賺就跑，但因為有上過一些財經名人的課，所以她也有停損的觀念，通常賠個幾千塊就認賠，就這樣每次賺個幾千，賠個幾千，三年下來，差不多不賺不賠，但手續費總共付了一百萬(也就是賠了一百萬)。

賺小錢賠大錢

另一位帥哥為美語補習班的老師，每個月有不錯的收入，也因為對股票的熱愛而進入股市，並且期望有天可以成為專職投資人，其操作目標為一天賺五千元，一個月要賺十萬，在多數時期，操作都還算順利，只是上個月有些持股被套住了，但他的目標是要賺錢怎麼可以賠呢?所以違背了他不留倉的操作方式，不賣的結果是最後以賠6萬元賣出。

以上兩個例子都是每天設定小賺，期望日積月累下來可以變成大賺的例子，他們最後可不可以達成目標我不知道，只是我想說的是既然我們有心進到股市這個寶地，為什麼要對自己的賺錢能力設限呢?像他們這樣的操作方式，即使當初讓他們以幾百元的價格買到大立光，也可能只是賺個一點點就跑掉了。

有在看棒球的人都知道"好球再打"的道理，如果不設定自己的好球帶，頻繁揮棒的結果有可能就是增加自己被三振的機會，即使打到也可能會打不好，孫子兵法有云"求之於勢，不責於人"，意思是等待有利於自己的情勢出現，而不是苛責於人，通常我們都會高估自己的能力，但是人的表現會受到很多因素的影響，身體、心理、環境等都會影響我們的操作，就像運動員的表現一樣會有高低潮.撞牆期，所以如果可以耐心等待機會，而不是盲目行動，自然可以提高成功的機會。

所以，你知道自己的好球帶在哪裡了嗎?在股市裡千萬不要小鼻子小眼睛，賺個幾千元就滿足，賠一些錢就很痛苦，只有能明確看到自己有一天大賺的樣子，成功的日子才會到來，否則終究只是落入了小賺小賠的循環罷了。

三、股價漲多就想空?正確的放空時間點

　　最近常聽到很多人說:"我覺得股市漲太多了",也有不少人已經在猜股市快要崩盤了,但這是有看到什麼證據支持你作空,還是純粹覺得股市漲太多了?

　　其實在股市的多空循環裡,多頭時間約佔了其中的 2/3 以上,而空頭時間大概只佔了 1/3 左右,所以整體來說作空是有一定難度的,尤其在多頭循環中試著去摸頭,當一個逆向行駛的駕駛人是很危險的,可能別人都在賺錢,卻只有你賠錢了。

　　作空要成功,進場點的掌握是很重要的,除非你有看到明確的轉弱訊號,否則,單憑感覺認為股市漲太多而放空,都只是跟自己的錢過不去罷了,孫子兵法有云:"善用兵者,避其銳氣,擊其惰歸。",何必急著在多頭氣焰正盛時去向它挑戰呢?

　　那麼什麼時候才是作空的好時機呢?作空要有比較高的勝算一定要等頭部成型後再進場,當一個技術分析者就是要訓練自己正確地解讀技術圖形要傳達給你的訊息,當頭部形成,多頭氣勢減弱時,此時才是向它挑戰的時機。

　　舉一個民國 104 年大盤從 10014 點下跌的例子,圖中在 9750 左右 M 頭成型後不久,隨即跌破季線,且月線和季線形成死亡交叉,此時股市才正式進入修正,在這裡出手作空不但勝算大,獲利空間也大。

　　你喜歡作空卻總是被電嗎?沒關係,有勇氣作空已經比別人有膽識了,只要再修正一下出手的時機就可以了,也許成功已在不遠處!

其它主要空頭市場的放空點:

四、利用作空，先賺第一桶金

股市下跌的時間，雖然比上漲的時間少很多，作空的勝算基本上是比較小的，但是由於下跌的速度會比上漲快，所以，如果有幸遇到大空頭，是有機會可以靠作空快速累積財富的，問題是怎麼做呢？

一般人不太敢放空，不外乎害怕被軋空，因為放空獲利有限，而上漲空間卻是無限，因此，除非有很好的功夫和紀律，否則是不建議利用股票融券或期貨作空的，但是如果有一種投資工具，它的損失有限，而獲利卻是無限的，是不是就可以考慮了呢？

當你學會了正確判斷股市多空的方法後，就可以嘗試進場作空，在這裡介紹一種投資工具叫做選擇權的賣權，當你判斷股市即將走空時，可以買進選擇權的賣權(put)，但是履約價最好不要選太深度價外，而到期日則要選離到期至少還有二個月以上的，例如現在是 11 月，指數在 10800，那就可以挑 107 年 1 月到期，履約價 10600 的 put。選到期日久一點的契約，主要是要避免行情尚未展開而你的合約已經到期了，這樣就算看法正確，也是賺不到錢啊。

之所以建議用選擇權作空，主要是考量即使做錯，損失也有限(當買方的最大損失，就是你買進時付出的權利金)，而做對時，獲利卻是無限的，通常在空頭時，買賣權要賺個 10 倍以上是沒有問題的，但選擇權它是有難度的，請量力而為。

如果幸運，也有可能抽中樂透，下圖為 100 年美債危機時，選擇權的賣權從 0.5 元漲到最高 565 元，超過一千倍！

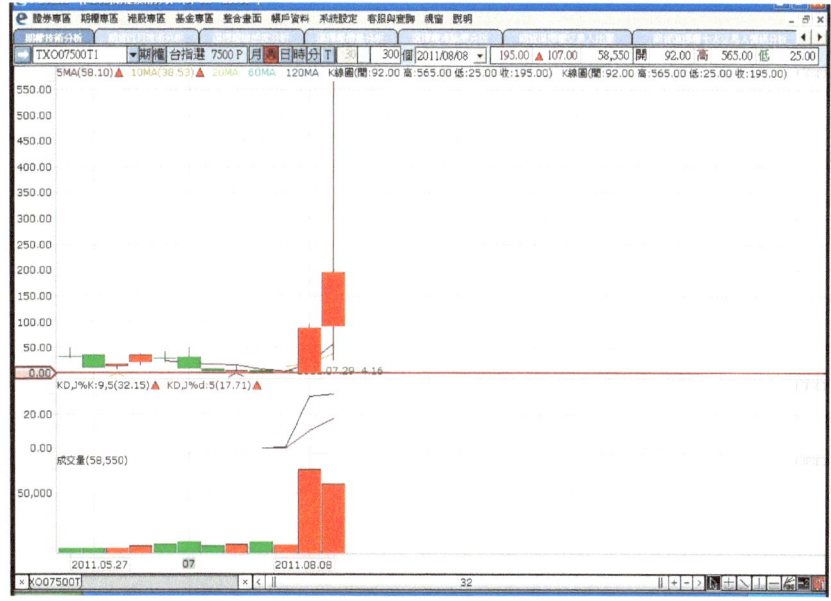

放空的另一個選擇: 元大台灣 50 反 1

元大台灣 50 反 1(00632R)，它也是一種 ETF，但走勢和台灣 50(0050)是相反的，所以當你判斷台股將走空頭，想放空又怕被軋空時，就可以考慮買台灣 50 反 1，它的買進方式和股票一樣，不需要融券，所以不會有被軋空的危險，也沒有期貨選擇權有到期結算日的問題，所以雖然獲利率沒像選擇權那麼高，但它的難度會比選擇權低。

下圖為台灣 50 反 1 在 104 年台股從 10014 點下跌時，它從 17.64 漲到 23.84 元，漲幅 35%

五、還在問 OO 可以買嗎？表示你沒有一套進出的方法

　　在股市裡要成功的第一個步驟就是建立一套適合你自己風格的投資方法，然後確實按照方法去操作和投資。

　　建立投資方法必須考慮到它的勝率、獲利能力和風險等，如果獲利能力低，那麼勝率就要比較高，如短線交易；如果獲利能力高，那麼勝率就可以不用要求那麼高，如波段交易，一次波段的獲利就可以彌補好幾次交易的損失了。

　　一般建議獲利和風險的比例最好是 3：1，如果你的停損是設 10%，那麼你一次成功交易的報酬率就要有 30%，如此長期下來才會是一套可以獲利的交易方法。

　　你喜歡問別人對行情的看法或 OO 股票該買還是該賣嗎？與其期待別人釣魚給你，不如自己學會釣魚的方法吧！

六、投資週期的選擇

　　關於投資週期的問題，大概是投資中最重要卻也是最難的問題之一，一項投資從進場到出場，短可以短到幾分鐘，長可以長到幾年，到底哪一種比較好，哪一種又比較容易成功？

要回答這個問題，必須先了解自己的投資屬性，如果你是一個容易緊張、擔心的人，可能就不適合太長的週期，還有你選擇的投資工具也會關係到你的投資週期，如果是期貨選擇權等每個月要結算的商品，也不適合太長週期。

　　至於投資勝算方面，有人認為股價短期走勢很難預測，也有人認為波段操作的勝算很低，個人則認為短線的勝算高但利潤低，長線的勝算低但利潤高，在實務操作時，可以融合二者的優點，一個部位佈局好，有獲利的時候，可以先平倉一部份，而另一部份則可以當波段部位，期待累積更多的利潤。

　　一般建議期貨選擇權可以用 30 分或 60 分技術線圖，最多用日線就可以了，而股票可以參考週線找長期的方向，再用日線找進場點。

七、交易計劃實例

(一) 交易計劃

在大盤的日線圖上，106年11月底我們看到有可能形成一個M頭，於是我們可以擬定一個如下的交易計劃：

買進空單，停損設在前波高點10858。

11月22、23、24日都曾經漲超過10858，但收盤都在10858之下，所以沒有停損問題。

從10882到M頭頸線10600跌了282點，所以停利點可以設在10318(10600-282=10318，282點為此M頭的垂直等幅測量目標，也就是跌幅滿足點)。

從事後觀察，大盤此波跌勢的最低點為10322，與我們設定的停利點只有4點的差距。

　　對於不習慣做波段或者想掌握更精確進出場點的人,可以利用比較短期的技術線圖,上圖範例為 30 分鐘線,透過上圖我們可以看到,在日線圖上 M 頭的第二個高點處,以 30 分鐘線檢視也出現了一個小 M 頭,所以在這裡佈的空單,停損點就會是 10882,可以比日線圖掌握更精確及更好的進場點;想加碼的人可以在跌破 30 分鐘所有均線時加碼(圖中圓圈處)。

　　對於在高點來不及進場的人,透過 30 分鐘線我們可以看到在頸線附近又出現一個小 M 頭,配合 KD 指標來到高檔,在此佈局有不錯的勝算。

　　養成事前做交易計劃及事後檢討的習慣,對你的交易及投資會有很大的幫助,計劃可以讓你的心比較篤定,比較不會忐忑不安,不會因為情緒而影響到操作;檢討可以改進自己的缺點,讓自己不會再犯同樣的錯誤,檢討愈確實及誠實,進步就會愈快。

(二)套用到選擇權操作上

"股市致富之路這樣走"在 11 月中旬上市,如果讀者有參考本書建議在 11 月底買進一月份的 10600 賣權,我們可以看到 10600 賣權的價格從最低 57 元漲到最高 343 元,漲幅高達 3 倍~4 倍之多!

八、放空實例～大立光

　　筆者的第一本書「股市致富之路這樣走」在去年（106年）11月出版，裡面談到歷年股王的下場，時隔二個月，大立光已從最高6075元跌到最低3725元，由此可充分看出空頭的特色（下跌速度比上漲快）。

　　在11月初大立光有出現M頭的跡象，我們可以在這裡進場布空單，停損設前高6075元，停利點設在4155元（6075-5115=960,5115-960=4155）。

　　當然以大立光的股價一張好幾百萬，不是一般人可以玩的，這時候我們可以選擇另一種投資工具「認售權證」來操作，下圖舉的例子，大立光的認售權證在這段期間的漲幅約1~2倍（貼心提醒：權證和選擇權同樣是有難度的，除非是股市老手或已有相當研究，否則須留意相關風險）。

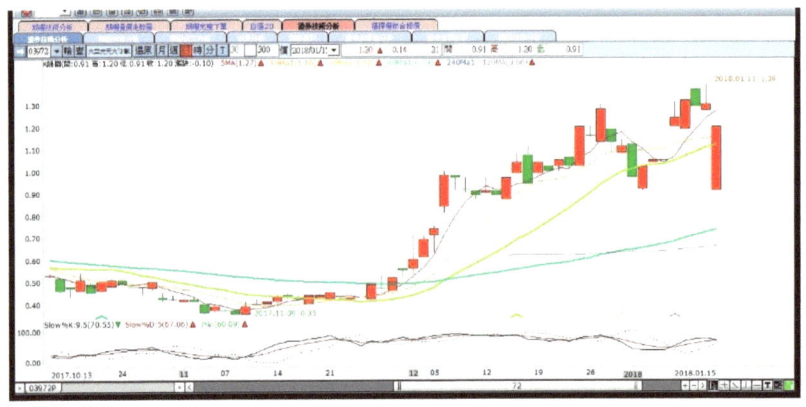

九、我的子彈會轉彎~談預測和修正

投資是需要邊做邊修正的，有時候明明看法是這樣，但當實際情形和預期有落差時，就要依實際情形修正。

所以，一個部位剛建立時，有可能沒多久就被停損了，或者只有小賺就出場，也有可能出乎自己預料，變成賺了一大波段。

事實上，在進場時，如果進場時間點和價位都抓得很好，這個部位的成功機率就會提高，就像棒球打擊上常說的確實擊到球心，只要擊球夠確實，即使不揮大棒，也有可能形成長打，甚至全壘打。所以，一個部位剛建立時，可能只想玩短線，後來才發現它很有潛力，成了大黑馬，所以，短線的投資技巧對長線投資人也是有幫助的，學會短線的操作技巧可以提高自己的成功率。

當然，如果中途發現自己判斷錯誤或者出現新的變數，也要有及時修正的能力，例如一個很好的例子，川普當選前大家都預測如果川普當選股市可能會暴跌，而你也進場佈了空單，但川普當選當天卻發現股市跌到某個程度就跌不下去了，你判斷應該是利空出盡了，這時你也要有調整投資計劃的能力，把空單平倉，並反手作多。

很多投資新手都很喜歡問別人對股市走勢的預測如何，只有股市高手才知道預測固然重要，但修正的能力才是決定勝敗的關鍵啊！

孫子兵法說：「兵無常勢，水無常形，能因敵變化而取勝者，謂之神。」在投資上，能預測正確固然可喜，但可以因應變化而修正投資計劃，才是出神入化的境界！

十、隨時隨地，回到方法

大學時代曾經參加過禪修活動，打坐就是藉由調整自己的呼吸以達到安定身心的目的，當過程中自己的注意力跑掉了，不用擔心，也不用自責，只要輕輕地把注意力再拉回到呼吸就可以了，有妄想、雜念也不用在意，只要看著它，保持覺察力即可。

如果把打坐的原理應用到操作，自己的操作方法可以比喻為呼吸，當自己的操作不順利，負面情緒生起，貪婪恐懼的想法太重而影響到操作時，隨時提醒自己:回到方法，只有方法，沒有其它，依法修行，它就會帶你到幸福的彼岸！

孫子兵法說：「善用兵者，修道而保法，故能為勝敗之政。」建立一套適合自己的投資法則，之後嚴格的遵守這個法則去投資，不但可以幫自己去除許多因為投資而產生的情緒，也可以帶你走向成功之路。

十一、春去春又回，多頭總是會再回來

當你幸運躲過股災或是在空頭市場發了一筆小財，請不要太早跳回市場，因為空頭的最後階段才是最凶險的一段，也不要受市場上太多悲觀的論調影響而太晚回到市場或者不敢回到市場，歷史早已向我們證明不論多嚴重的股災，經濟總是會回春，股票市場總是會重新回到多頭。

你已經完成致富的第一個步驟了，接下來只要再一步就可以過著富足快樂的日子了，關於如何判斷股市是否已經落底及如何挑選好股票，將在下一本書專文介紹，敬請期待！

www.ingramcontent.com/pod-product-compliance
Lightning Source LLC
Chambersburg PA
CBHW040245220526
45473CB00001B/372